AF249371

LIGUE PERMANENTE
POUR LA DÉFENSE DES INTÉRÊTS DES CONTRIBUABLES ET DES CONSOMMATEURS

LE
SPECTRE AMÉRICAIN

LE BLÉ, — LE BÉTAIL

Conférences faites à la Ligue

les 17 Novembre et 1er Décembre 1880

PAR

M. P.-C. DUBOST,

Professeur d'Économie et de Législation rurales

à l'École Nationale d'Agriculture de Grignon.

PARIS

GUILLAUMIN et Cie, Éditeurs

RUE RICHELIEU, 14

AU SIÈGE DE LA LIGUE, 15, FAUBOURG MONTMARTRE

—

1881

Les deux Conférences qu'on va lire ont été faites par M. P.-C. Dubost à la « Ligue permanente pour la défense des intérêts des contribuables et des consommateurs. »

Cette Ligue existe depuis trois années. Elle a été fondée par M. E. Menier, député de Seine-et-Marne, qui en traçait ainsi le programme dans une lettre adressée à ses collègues de la Chambre le 5 février 1879 :

« La Ligue devra, disait-il, étudier les moyens
» d'empêcher nos budgets de s'accroître indéfini-
» ment et de gaspiller les ressources de la nation
» dans bien des dépenses qui n'ont pas le caractère
» d'utilité générale.

» Elle devra réclamer des législateurs des ré-
» formes qui pourront sans doute léser quelques
» intérêts particuliers, mais qui seront utiles aux
» intérêts des contribuables. »

De nombreux adhérents se sont groupés en vue de l'application de ce programme : dans les soixante-huit séances qu'elle a déjà tenues, la Ligue a eu cette bonne fortune d'intéresser à ses travaux des hommes spéciaux qui sont venus à ses réunions traiter avec leur haute compétence les questions ardues et variées tour à tour portées à son ordre du jour.

Ces études pratiques ne sont point restées sans résultat. D'importants projets de loi ont été présentés à la Chambre des députés, tant par M. Menier lui-même que par plusieurs de ses collègues membres de la Ligue; des plans de réformes fiscales tendant à l'abolition des octrois ont été proposés au conseil municipal de Paris par M. Yves Guyot, secrétaire général de la Ligue, et approuvés par la majorité de ce conseil. Ces plans ont été adoptés par bon nombre d'autres municipalités françaises.

Enfin, des conférences ont été faites tant à Paris qu'en province sur les principales réformes économiques et fiscales à l'ordre du jour.

Parmi ces réformes, figure au premier rang l'abaissement des tarifs douaniers. Un petit nombre d'industriels qui cachent mal le souci de leurs propres intérêts sous leurs réclamations bruyantes en faveur de ce qu'ils appellent le travail national, voudraient inspirer à nos agriculteurs des craintes chimériques', afin d'obtenir de ceux-ci qu'ils appuient près des Chambres législatives les aggravations de droits qu'ils désirent voir introduites dans nos tarifs.

M. Dubost s'est attaché à déjouer leurs desseins. Il a prouvé, dans les deux conférences qui suivent, que l'agriculteur français n'a rien à redouter de cette concurrence américaine dont on se plaît à faire si grand bruit. Il examine cette question sous ses deux aspects essentiels. Il traite d'abord du Blé; il traite ensuite du Bétail, et il établit par des faits l'absolue vanité du spectre américain.

La conséquence est facile à tirer. Si nos agriculteurs n'ont rien à craindre de leurs concurrents des autres pays, il n'y a pas lieu de les protéger par des droits élevés sur les produits agricoles venant de l'étranger. M. Dubost l'a démontré d'ailleurs avec la dernière évidence, l'intérêt du producteur n'est pas, comme on le croit trop communément, en opposition avec celui du consommateur. Il ne faut pas oublier celui-ci ; il est tout le monde. Qui donc, parmi nos législateurs, oserait prendre la responsabilité d'une hausse artificielle du pain et de la viande ?

Loin de revenir, en 1881, en arrière de la réforme de 1860, il faut que le Sénat prépare, par une transition libérale, le libre-échange absolu qui dans une courte période s'imposera à notre civilisation.

AUGUSTE DESMOULINS,
Secrétaire de la Ligue permanente
pour la défense des intérêts
des contribuables et des consommateurs.

LE SPECTRE AMÉRICAIN

LE BLÉ

Conférence faite le 17 Novembre 1880

PAR

M. P.-C. DUBOST

Professeur à l'École d'Agriculture de Grignon.

Présidence de **M. JEAN DAVID**, député du Gers.

MESSIEURS,

Ce n'est pas la première fois que nous entendons s'élever des plaintes, se formuler des appréhensions et même des alarmes sur les dangers que ferait courir à notre agriculture nationale la concurrence des pays placés à grandes distances et disposant d'espaces fertiles et étendus.

Sous la Restauration et jusque vers le milieu du gouvernement de Juillet, c'est la Russie méridionale qui jouait le rôle d'épouvantail. La région des Terres noires, région immense et d'une fertilité sans pareille, devait inonder un jour notre marché de blés ne coûtant rien à produire et pouvant dès lors se vendre à vil prix. M. Thiers lui-même se fit, un jour, en pleine tribune de la

Chambre des députés, l'interprète de ces alarmes.
Comment, disait-il, lutter avec un pays où la terre
fertile n'a pas de valeur, n'acquitte pas d'impôts,
où le cultivateur n'a que la peine d'ensemencer
et de récolter, où le transport du grain se fait sans
frais, en pleine steppe, ce qui permet à l'attelage
de vivre gratis le long de la route, où le conduc-
teur enfin, quand il est arrivé au port d'Odessa,
ne se borne pas à réaliser son chargement, mais
vend encore ses bœufs d'attelage pour la nourriture des habitants de la ville et le véhicule lui-
même pour leur chauffage, après quoi il reprend
le chemin de la steppe avec un sac d'écus? C'est
ainsi que le blé qui vaut 6 ou 7 francs l'hectolitre
sur place, dans le lieu de production, peut arriver
à 9 ou 10 francs à Odessa, à 12 ou 13 francs dans
l'un des ports de l'Europe occidentale. Comment
l'agriculture française pourrait-elle lutter contre
l'agriculture de la Russie méridionale qui produit
à si peu de frais?

L'expérience, Messieurs, a démontré la complète
inanité de ces craintes. Non seulement la Russie
méridionale n'a pas ruiné la France et l'Angleterre, mais elle ne fournit qu'un appoint de plus
en plus insignifiant aux besoins croissants des
peuples de l'Occident. Ce qui est encore plus
significatif, c'est que les prix de notre marché, au
lieu de s'abaisser au niveau de ceux d'Odessa, se
sont élevés au contraire, et que ceux d'Odessa, au
lieu de rester stationnaires, se sont rapidement
mis en équilibre avec les nôtres. La Russie avait
beau produire pour rien : il est certain qu'elle ne
nous a pas ruinés; il est douteux qu'elle se soit
beaucoup enrichie.

L'Algérie française a été pendant longtemps une

autre cause d'épouvante pour notre agriculture. Quand nous en fîmes la conquête, le blé ne s'y vendait que 4 ou 5 francs l'hectolitre. Pour ne valoir que ce prix, il fallait bien que les frais de production fussent à peu près nuls. Or, le Tell a 15 millions d'hectares, et ces 15 millions d'hectares peuvent être employés à la culture du blé. Il y a même des plaines étendues, comme celles de la Mitidja et de Bône, qui sont d'une fertilité comparable à celle des Terres noires de la Russie méridionale. Si l'ancienne Mauritanie avait jadis nourri Rome, l'Algérie ne pouvait-elle pas nourrir la France? Telles étaient les craintes suscitées par cette redoutable concurrence que pendant vingt ans nous avons interdit l'importation des blés d'Algérie en France. Nous recrutions à grands frais quelques rares colons, et notre premier soin était de les traiter comme des étrangers, afin de les empêcher, sinon de s'enrichir trop vite, du moins de nous ruiner.

Sur ce point encore, l'expérience a déjoué toutes les prévisions, a dissipé toutes les alarmes, a fait taire toutes les inquiétudes. Le prix du blé est aujourd'hui quatre ou cinq fois plus élevé à Alger ou à Constantine qu'il n'était sous la domination des beys. Cependant l'Algérie est encore loin d'être devenue le grenier de la France. Si elle a parfois des excédents de blé à nous livrer, nous avons bien aussi à lui envoyer dans certaines circonstances un supplément de vivres. Elle n'est même pas tout à fait à l'abri de la famine, malgré tous les progrès accomplis depuis la conquête, malgré tous les sacrifices faits par la mère-patrie. J'ai eu la douleur d'assister aux dernières phases de la famine de 1868, et tant que je serai de ce monde je garderai le souvenir des scènes qui ont passé sous mes yeux. Il n'y a pas de spectacle plus lugubre que celui d'un peuple qui meurt de faim.

Les provinces Danubiennes et les plaines de la Hongrie ont été aussi invoquées comme des menaces de ruine pour notre agriculture. Le temps a fait justice de toutes ces évocations de spectres.

Que faisaient nos cultivateurs pendant qu'on cherchait à les effrayer ainsi par la perspective incessante de la ruine? Nos paysans, cette race robuste et forte à laquelle on n'a pas encore rendu toute la justice qu'elle mérite, nos paysans continuaient à travailler sans trêve ; ils fouillaient plus profondément la terre, étendaient la surface cultivée et faisaient surgir du sol, par un travail opiniâtre, des récoltes de plus en plus abondantes. En 1820, nous n'avions que 5 millions d'hectares consacrés à la culture du blé et notre production totale ne dépassait guère 50 millions d'hectolitres. Aujourd'hui, notre culture de blé porte sur 7 millions d'hectares et notre production moyenne dépasse 100 millions d'hectolitres. Ce n'est pas tout, les prix ont aussi monté : de 17 à 18 francs l'hectolitre en 1820, ils se sont élevés à 22 ou 23 francs, qu'on peut considérer comme la moyenne de notre temps. Il en résulte que la valeur de la récolte annuelle de blé a passé de moins de 900 millions de francs, en 1820, à plus de 2 milliards 200 millions de francs, en 1880.

Voilà ce qu'ont su accomplir les paysans de France pour la seule culture du blé, pendant que des alarmistes menaçaient l'agriculture d'une ruine prochaine.

L'agriculture française n'a donc pas succombé sous la concurrence des blés à vil prix de la Russie méridionale, de l'Algérie, de la Hongrie et des Provinces Danubiennes. Est-elle destinée à succomber sous la concurrence des blés à vil prix du Far-West ? Le spectre américain qu'on évoque aujourd'hui est-il plus redoutable que les spectres d'Orient qu'on a évoqués successivement dans le passé ?

Voilà, Messieurs, la question dont je suis chargé de vous faire l'exposé et de vous présenter la solution. Je ne suis point de ceux qui ont fait le voyage d'Amérique, mais j'ai pour me guider, dans l'étude des faits d'où doit sortir la solution, deux documents de récente origine et de grande importance : l'un est le livre publié au commencement de cette année par M. Ronna, sur *la Culture, la Production et le Commerce du blé aux États-Unis;* l'autre est le rapport de MM. Clare Read et Albert Peel, membres du Parlement anglais, sur les résultats de l'enquête qu'ils ont poursuivie en Amérique, il y a juste un an, pendant une durée de trois mois. Ce sont uniquement les faits puisés à ces deux sources autorisées que je vais avoir l'honneur d'exposer devant vous.

Quand on jette les yeux sur une carte des États-Unis, on reconnaît aisément que leur immense territoire se partage, par le fait de deux chaînes de montagnes courant parallèlement à la mer, l'une du côté de l'Atlantique, les Alleghanys, l'autre du côté du Pacifique, les Montagnes Rocheuses, en trois régions bien distinctes.

La première, celle qui est située entre les Alleghanys et l'Atlantique, est la région des États de l'Est. C'est la moins étendue, mais la plus importante par la population, la richesse industrielle et la production agricole. C'est là que sont les mines de houille, les sources de pétrole, les ateliers de métallurgie, les manufactures, etc. Le tabac et le coton sont les deux cultures industrielles caractéristiques de la région. La production animale et l'industrie laitière y ont aussi pris un grand développement, principalement dans la partie septentrionale de la région. La culture du blé n'y a, au contraire, qu'une importance relativement minime ; la production y est loin de suffire aux besoins de la population. C'est la vallée du Mississipi qui fournit le supplément nécessaire.

La vallée du Mississipi comprend à elle seule presque toute la partie centrale des États-Unis entre les Alleghanys à l'est et les Montagnes-Rocheuses à l'ouest, entre le Canada au nord et le golfe du Mexique au sud. C'est le pays du blé par excellence et il faut ajouter aussi du maïs et du bétail. Toutefois, une subdivision paraît ici nécessaire pour donner de la clarté aux explications qui vont suivre. La rive gauche du Mississipi comprenant principalement les États de l'Ohio, de l'Illinois, du Tennessee et du Kentucky, ainsi que quelques États de la rive droite, l'Iowa, le Kansas, et le Missouri, ne cultivent le blé que sur une partie restreinte de la surface arable. Les pâturages et le maïs y occupent des surfaces beaucoup plus étendues. C'est la partie du territoire américain qui a été défrichée dans la première moitié de ce siècle, et conquise presque tout entière sur l'ancienne forêt. On la cultivait autrefois comme on cultive encore aujourd'hui le *Far-West.* C'est l'accroissement de la population et des capitaux qui y a amené les changements de culture que je vous ferai mieux connaître en vous parlant du bétail.

Le reste de la rive droite du Mississipi constitue ce qu'on appelle le *Far-West*, et s'étend dans la direction de l'ouest jusqu'aux Montagnes Rocheuses, dans la direction du nord jusqu'au Canada. En y joignant la troisième région, celle qui s'étend entre les Montagnes Rocheuses et le Pacifique, et où deux États sont déjà constitués, la Californie et l'Orégon, on a l'ensemble du pays où la culture du blé occupe déjà de grandes surfaces et se fait de la même façon, blé sur blé, jusqu'à ce que la population et les capitaux se soient assez accrus pour permettre un culture plus compliquée et plus productive.

J'ajouterai enfin que la région qui semble le plus en faveur aujourd'hui pour le défrichement des terres et la culture du blé, c'est le bassin de la Rivière Rouge. Cette rivière, qui sert de limite entre le Dakota et le Minnesota, coule dans un sens inverse du Mississipi, c'est-à-dire dans la direction du sud au nord et va se jeter dans le lac Winipeg, sur le territoire de la Nouvelle-Bretagne. Le sol y passe pour plus fertile et l'émigration s'y porte aujourd'hui de préférence. Mais la culture y est aussi plus difficile par suite d'un climat plus rigoureux.

Le fait le plus saillant que met en relief ce rapide exposé, c'est la marche de la culture du blé qui s'avance incessamment vers l'ouest, s'éloignant de plus en plus de l'Europe occidentale et laissant ainsi s'interposer entre elle et nous des territoires de plus en plus étendus, dont la population et la prospérité ne cessent de s'accroître. C'est cependant cette culture incessamment répétée du blé dans ces régions lointaines, qui se dresse aujourd'hui devant nous comme un épouvantail. Mais avant de vous exposer les procédés qu'on emploie et les résultats qu'on obtient, je crois devoir, Messieurs, vous faire connaître en quelques mots par quels moyens on attire les colons dans ces solitudes, quels avantages enfin on accorde aux rudes travailleurs qui vont défricher la *prairie*.

Un acte du Congrès, qui remonte à la fin du siècle dernier, porte que les terres « libres et en friche » sont la propriété de l'Union. En conséquence, l'administration fédérale a établi dans chaque district un bureau terrien, chargé de procéder ou de faire procéder aux formalités relatives à la vente et à la concession des terres. Les lots sont généralement de 65 hectares, et la vente se fait par adjudication publique, sur la mise à prix *minimum* de 16 francs par hectare. Le prix de ces adjudications est payé comptant.

Les colons ont un autre moyen de se procurer des terres, soit auprès des États concessionnaires de surfaces plus ou moins étendues pour leurs établissements publics, écoles, routes, etc., soit même auprès des Compagnies de chemins de fer auxquelles les États ont rétrocédé, à titre de subvention, une partie des concessions qui leur avaient été accordées. Toutes les aliénations de terres ayant cette double origine se font à titre onéreux, et la vente en a lieu principalement par voie amiable.

Enfin, une loi de 1862, sur le *Homestead*, a donné un nouvel essor à la colonisation. Elle a stipulé que tout citoyen américain ou tout étranger, père de famille, qui voudrait se faire naturaliser, pourrait obtenir un lot de 65 hectares parmi les terres libres, moyennant le prix de l'arpentage (1 fr. 28 c. à 1 fr. 48 c. par hectare). Le concessionnaire doit, en outre, prendre l'engagement : 1º d'enclore le terrain dans l'année ; 2º d'y construire un bâtiment à deux ouvertures au moins ; 3º d'exploiter la concession comme domaine agricole. Chacun des enfants a le droit d'obtenir, et aux mêmes conditions, une concession de pareille étendue, mais sans que la surface totale concédée aux divers membres de la famille puisse dépasser 260 hectares.

Pour mettre en valeur l'une de ces concessions de 65 hectares, il faut un capital plus élevé qu'on ne croit communément. M. Clare Read, l'auteur du rapport fait au nom de la commission anglaise, estime à 125 francs par hectare les frais de clôture et de construction. En y ajoutant une somme de 100 francs pour les frais de cadastre, cela fait plus de 8,000 francs de capital à incorporer à la terre, avant d'y mettre la charrue. Le bétail de trait, le matériel de culture, les semences, le mobilier et les provisions de ménage doivent absorber environ 6,000 ou 7,000 francs. Il faut donc de 14,000 à 15,000 francs d'avances, soit 220 à 230 francs par hectare, pour mettre en culture les terres concédées dans l'Ouest.

Tous les émigrants n'ont pas ce capital, et ne peuvent réclamer dès lors le bénéfice de la loi sur l'*homestead*. La plupart se bornent à acheter aux enchères des lots de peu d'étendue, quand ils ont quelques épargnes, ou à se mettre, en qualité d'ouvriers ou de domestiques, au service des cultivateurs et des industriels, quand ils sont dépourvus du capital nécessaire. Le prix élevé de la main-d'œuvre leur permettra alors de se con-

stituer peu à peu quelques ressources avec lesquelles ils s'établiront un jour.

C'est là ce qui explique pourquoi la propriété
est très divisée dans l'ouest de l'Amérique, contrairement à l'opinion généralement admise. Le
plus grand nombre des fermes ont moins de
40 hectares d'étendue, et le faible produit qu'on
en tire, ainsi que je le dirai dans un instant, fait
que chaque exploitation est encore moins importante en réalité qu'en apparence. La somme des
capitaux mis en œuvre par le cultivateur de
l'Ouest est bien au-dessous de celle que met en
œuvre la moyenne des cultivateurs en France.

C'est le blé de printemps, qu'on appelle encore
en France blé de mars, qui se cultive exclusivement dans toute la région de l'Ouest. C'est un blé
de qualité secondaire, et dont le poids est réglé,
par un acte du Congrès, à 60 livres anglaises le
boisseau, ce qui correspond à un peu moins de
75 kilogrammes l'hectolitre. Ce qui fait qu'on lui
donne la préférence sur le blé d'hiver, qui est
incontestablement de qualité meilleure, c'est la
rapidité de sa végétation. Le climat va d'un ex-
trême à l'autre dans ces lointaines solitudes. A un
hiver long et rigoureux succède un été chaud qui
doit donner le temps de faire, non seulement la
récolte après la maturité du blé, mais encore la
préparation du sol pour l'ensemencement qui aura
lieu au printemps suivant. Dans de pareilles conditions, la culture continue du blé d'hiver ne
serait pas possible.

Le labour de préparation ou de défrichement se
fait donc en automne, dans les mois de septem-
bre et d'octobre. C'est un labour très superficiel
de 12 centimètres de profondeur environ. La bande

de terre est coupée à 35 centimètres environ de large. Elle est simplement retournée à plat, au lieu d'être inclinée comme dans nos labours. Un homme avec un attelage de deux bons chevaux ou mulets, peut ainsi labourer de 80 ares à 1 hectare par jour. La journée de travail est de 12 à 13 heures, avec une heure et demie de repos au milieu de la journée.

Au printemps, l'ensemencement est précédé d'un hersage énergique et suivi de deux autres hersages plus superficiels. Un bon attelage peut faire 4 hectares du premier hersage et 6 hectares de l'un ou l'autre des suivants par journée de travail.

L'ensemencement a lieu ordinairement à la volée. La quantité de semence est de 160 litres à l'hectare.

Aucun soin d'entretien n'est donné à la culture du blé. La récolte devient ce qu'elle peut, quand elle a échappé à l'envahissement des herbes, à la nielle, à la sécheresse, aux insectes, aux sauterelles.

La récolte, qui a lieu en juillet et août, se fait par des moissonneuses-lieuses automatiques. L'un de ces engins, conduit par quatre chevaux, peut couper et lier 6 hectares par jour, soit 60 à 70 hectares pour la période entière de la moisson, dont la durée ne doit pas excéder dix à douze jours. Ce qui force le cultivateur de l'Ouest à abréger ainsi la durée de la moisson, ce n'est pas seulement l'avantage d'éviter l'égrenage, les insectes et le mauvais temps, c'est surtout la nécessité où il est placé de gagner du temps pour labourer ses chaumes, après qu'il aura battu, conduit et vendu sa récolte de blé.

Le battage se fait sur place, par des machines à grand travail. La paille est brûlée. Quant au grain, il est conduit directement, du champ où il a été récolté à l'*élévateur* le plus voisin, où il passe aux mains du commerce. Les cultivateurs n'ont pas de greniers et ne peuvent ni assurer chez eux la conservation du blé, ni attendre le moment favorable pour la vente. Ils vendent après battage et au prix du cours.

Le prix semble varier sur place dans les limites de 10 à 12 francs par hectolitre, suivant la distance des grands centres de commerce. C'est dans les fermes les plus avancées dans la direction de l'Ouest qu'il est le plus faible. C'est dans les plus rapprochées des grandes voies de communication qu'il est le plus élevé.

Quant au rendement de la récolte, il est naturellement variable dans d'assez grandes limites. On cite des rendements de 18 et même de 20 hectolitres à l'hectare, sur les bords de la Rivière Rouge. Mais ce sont là des cas tout à fait exceptionnels. La moyenne générale des États-Unis, dans les dix dernières années, est de 11 hectolitres par hectare, semence non déduite. En prenant, d'une part, 9 à 10 hectolitres comme moyenne du rendement dans l'Ouest, prélèvement fait des semences, et de l'autre, 11 francs comme moyenne du prix de vente sur place ou plutôt à l'*élévateur* voisin, on voit que la culture exclusive du blé dans ce qu'on appelle les terres *vierges* de l'Ouest donne un produit annuel de 100 à 110 francs par hectare. Le simple pâturage des montagnes du Cantal et la culture des mauvais terrains de Sologne donnent au moins une richesse spécifique équivalente.

Dans le livre de M. Ronna et dans le rapport de M. Clare Read, le produit moyen en argent de la culture du blé est de 20 francs environ plus élevé. Mais la différence provient de ce que les semences sont comptées à la fois dans le produit et dans les frais. Nous leur avons restitué leur véritable caractère en les considérant comme une part du capital devant se prélever sur la récolte, sans figurer ni dans le produit, ni dans les frais. En réalité, elles ne donnent lieu ni à recette, ni à dépense. C'est un capital attaché à une exploitation agricole d'une façon permanente.

Les dépenses de culture sont très difficiles à apprécier, faute de renseignements précis et surtout de méthode rigoureuse dans le calcul des frais. Dans les documents que j'ai eus sous les yeux, on ne se borne pas à comprendre les semences dans les dépenses de culture, on y comprend aussi la valeur du travail des animaux, comme si le cultivateur avait réellement à le payer. C'est ainsi que le labour d'un hectare, qui peut être accompli par un homme et un bon attelage en une journée de travail, est coté jusqu'à 25 francs dans les comptes cités par M. Ronna, et 18 fr. 75 c. dans le rapport de M. Clare Read. Le prix de la main-d'œuvre fournie par les ouvriers et domestiques, qui constitue assurément une dépense réelle, est réparti sur le labour, sur la moisson, sur le battage et noyé dans des dépenses fictives, d'où il n'est pas possible de l'isoler. Les dépenses d'entretien ou du renouvellement, soit des attelages, soit du matériel de culture, ne sont pas non plus établies avec assez de précision. On ne sait ni combien il y a d'animaux de trait employés dans une exploitation d'une étendue donnée, ni combien d'ouvriers ou de domestiques attachés à la culture dans les diverses saisons de travaux. Nous aurons la vérité sur tous ces points quand on nous aura fourni, au lieu de données imaginaires, des données réelles, c'est-à-dire des extraits du livre de dépenses d'un certain nombre d'exploitations. Le point de départ des constatations à faire, c'est que les seules dépenses de culture sont celles qui se traduisent par des débours, de même qu'il n'y a de produit que celui qui se traduit ou peut se traduire par des recettes. Les études d'économie rurale seront bien simplifiées lorsque l'emploi de cette méthode se sera généralisé.

Quoi qu'il en soit, j'estime que les frais de culture bornés aux salaires, à l'entretien ou au renouvellement des attelages et du matériel, ainsi qu'à quelques autres dépenses accessoires sans importance, s'élèvent à peine à la moitié du produit, soit 50 francs environ par hectare, dans une exploitation de 65 hectares d'étendue. Sur cette dépense il y aurait 30 francs environ pour la main-d'œuvre étrangère et 20 francs pour les autres dépenses, principalement pour le remplacement des animaux de trait et du matériel de culture. Le nombre des journées faites par les ouvriers auxiliaires de la culture n'est pas très élevé, mais le prix de la journée monte jusqu'à 10 francs et au delà, au moment des travaux de la moisson. Les animaux de trait, qui ont une grande valeur, dépérissent en proportion même du prix élevé auquel il faut les payer quand on les achète. Enfin le matériel de culture, composé de quelques machines très perfectionnées, s'use d'autant plus vite qu'on ne prend même pas la précaution de l'abriter sous des hangars, pour le soustraire aux effets des intempéries.

Voici donc quelle serait à peu près la position d'un cultivateur qui aurait obtenu gratuitement, à titre de citoyen américain ou naturalisé, une concession de 65 hectares, et qui, après y avoir apporté un capital de 15,000 francs environ, cultiverait du blé sur 60 hectares, les 5 hectares qui forment le complément de la concession étant réservés pour la nourriture des animaux de trait. Il vendrait annuellement 510 hectolitres de blé au prix total de 6,000 francs. Il dépenserait 1,800 francs pour payer la main-d'œuvre étrangère et 1,200 francs pour renouveler ses attelages et son matériel. Il lui resterait 3,000 francs environ pour son entretien et pour celui de sa famille, ainsi que pour ses épargnes, après prélèvement de ses dépenses de ménage. C'est un budget qui n'a rien de trop alléchant, si l'on tient compte non seulement du capital qu'il faut posséder pour arriver à cette situation, mais encore de la rude existence qu'il faut mener quand on va planter sa tente dans un pays neuf, où tout est à créer, jusqu'aux constructions nécessaires pour abriter les hommes et les animaux, où tout fait défaut, jusqu'à l'eau potable elle-même.

C'est là d'ailleurs une situation privilégiée à laquelle bien peu arrivent. Sur ces terres vierges dont on nous vante la fertilité, parce qu'on peut y récolter indéfiniment de maigres récoltes de blé sans trop épuiser le sol, il y a des colons qui sont plongés dans une véritable misère. Le rapport de M. Clare Read contient à ce sujet de curieuses révélations. La conclusion finale de ce rapport c'est que « l'Amérique est encore loin d'être la terre promise ».

Les cultivateurs de France, en particulier, n'ont

rien à envier à ceux d'Amérique. Ils n'ont pas l'espace, mais ils ont le capital, et c'est le capital qui a de l'importance, parce que c'est le capital, et non l'espace, qui est mis en œuvre par le travail de l'homme en vue de la production. J'ai déjà dit que, dans nos contrées les plus déshéritées, la production agricole est au niveau de celle des plaines vierges du *Far-West.* Mais nous avon d'autres contrées où la richesse de la culture est double, triple, quadruple, quintuple, etc. J'ajouterai que nulle part peut-être la situation du cultivateur français n'est au-dessous de celle du cultivateur américain. Nos simples métayers ont souvent un budget plus élevé que celui du propriétaire de l'ouest. Dans une excursion agricole que j'ai accomplie, cette année, avec une promotion d'élèves de Grignon, nous avons vu dans le Limousin un métayer qui produit 12,000 francs sur 40 hectares, et qui, après prélèvement de sa part de frais dans la moitié du produit qui lui revient, peut consacrer annuellement plus de 3,000 francs à l'épargne. Il s'est déjà créé, en dehors de son industrie, une petite fortune de 30,000 francs.

Une autre famille de métayers dans la partie la plus pauvre du Bourbonnais, dans l'arrondissement de Montluçon, produit aussi 12,000 à 13,000 francs sur une exploitation de 59 hectares, c'est-à-dire plus de 200 francs par hectare. Après prélèvement de sa part spéciale de frais sur la moitié de ce produit, cette famille a eu un boni net de 3,801 fr. 40 c. en 1877, de 4,393 fr. 75 c. en 1878, et de 4,459 fr. 25 c. en 1879.

Même en Algérie où la présence du palmiernain oppose au défrichement et à la mise en valeur du sol des difficultés inconnues dans le *Far-West*, je pourrais citer des exemples de succès dont l'Amérique aurait le droit d'être jalouse. M. Calmels, président du Comice agricole d'Oran, a porté moins de 50,000 francs en Algérie en 1852, et il a aujourd'hui 600 hectares en culture qui lui assurent un revenu annuel supérieur à son capital initial.

La grande exploitation de M. Dalrymple, dans le Dakota, est encore à la période de création. Tout ce qu'on peut lui souhaiter, c'est un succès financier comparable à celui de la Compagnie genevoise des colonies suisses de Sétif.

Enfin, pour ne pas trop multiplier ces termes de comparaison, il y a, aux portes mêmes de Paris, une commune où le produit annuel de la culture est de 2,000 francs par hectare, et qui, sur un territoire caillouteux de 1,700 hectares, assure à 500 ou 600 familles un revenu moyen supérieur à 4,000 francs : c'est Argenteuil. Il n'y a aucune témérité à prévoir que bien des siècles s'écouleront avant que les terres vierges de l'Amérique soient arrivées à ce degré de richesse.

Il me reste encore, pour compléter cet exposé de faits, à suivre le blé, depuis le moment où il sort des mains du cultivateur de l'ouest, jusqu'au moment où il vient compléter l'approvisionnement des nations de l'Europe occidentale.

L'élévateur où le cultivateur américain transporte son blé, aussitôt après le battage, est une sorte de magasin ou grenier, établi à proximité d'une voie ferrée ou plutôt dans une gare. Le blé y est vanné, criblé, trié et classé en catégories, suivant ses qualités marchandes. C'est la vapeur qui met en mouvement tous ces appareils de nettoyage ainsi que ceux d'élévation qui ont donné le nom à ce genre d'établissement.

L'élévateur appartient généralement à un spéculateur de l'Est, qui, après avoir acheté la récolte dans un rayon plus ou moins étendu, en cherche ensuite le placement aux meilleures conditions, soit en Amérique, soit dans l'Europe occidentale. Souvent même il arrive que les bons de livraison délivrés par le préposé à l'élévateur, passent par un grand nombre de mains, avant que la livraison soit effectuée. Chacun de ces intermédiaires a spéculé sur les différences de prix, cherchant toujours à acheter au meilleur marché et à revendre le plus cher. Enfin, quand la livraison est réclamée, le blé quitte l'élévateur et se rend à destination par l'une des nombreuses voies de transport que possède l'Amérique, chemins de fer ou canaux.

Cette multiplicité de moyens de transport a déterminé une concurrence effrénée. Lutte entre chemins de fer et canaux, lutte entre compagnies rivales de chemins de fer, c'est à qui l'emportera, par la modicité du prix, pour le transport des grains de l'Ouest. On a vu parfois le prix du transport s'abaisser en chemin de fer jusqu'à un centime et demi, même un centime par tonne et par kilomètre. A ce jeu, les compagnies de chemins de fer se sont ruinées pour la plupart. En 1876, 86 compagnies furent mises en vente ou placées sous séquestre. En 1877, sur 814 compagnies dont le réseau couvre les États-Unis, 106 seulement ou 21 pour cent distribuaient un dividende.

Cependant il y a loin du *Far-West* à New-York, et même avec une pareille modicité de prix, le transport des grains ne laisse pas que d'être onéreux. Il faut 5 à 6 francs par hectolitre pour le transport de l'Ouest dans une des villes de l'Est qui s'adonnent à l'exportation. De New-York à Liverpool ou au Havre, les frais sont encore de 3 à 4 francs par hectolitre. Il en résulte qu'indépendamment des bénéfices des spéculateurs qui en font le commerce, les frais indispensables pour transporter le blé de l'Ouest sur l'un des quais de France ou d'Angleterre sont de 9 francs environ par hectolitre. En le cédant à 20 francs en Europe, les négociants d'Amérique ne pourraient réaliser quelque profit qu'en l'achetant au-dessous de 11 francs dans l'Ouest.

La production du blé aux États-Unis a presque doublé depuis dix ans. Les statistiques officielles établissent qu'en 1870, la récolte totale était de 85 millions d'hectolitres. Elle a dépassé 100 millions d'hectolitres en 1873 et s'est élevée à 133 millions d'hectolitres en 1877, à 142 millions d'hectolitres en 1878, à 146 millions d'hectolitres en 1879, et enfin à 150 millions d'hectolitres en 1880; s'il faut en croire les premiers renseignements qui nous sont parvenus sur la dernière récolte. Ce n'est pas à l'amélioration des cultures et à l'augmentation des rendements que doit être attribué cet accroissement de production, c'est à l'extension de la surface ensemencée.

Si l'on sait à peu près quel est le montant de la récolte annuelle de blé aux États-Unis, nous sommes moins exactement renseignés sur la portion de la récolte qui s'y consomme. Une pareille recherche n'est pas sans présenter des difficultés en France, où les études statistiques sont cependant bien plus anciennes qu'en Amérique. La statistique des exportations est plus facile à faire, et nous savons que, dans la période qui va de 1870 à 1877, les exportations de blé des États-Unis on varié de 14 millions d'hectolitres en 1871, à 33 millions d'hectolitres en 1873. Ces chiffres ont été dépassés dans ces dernières années ; mais les indications exactes nous font défaut.

Tout porte à croire d'ailleurs que la consommation du blé en Amérique suit la même marche qu'en France, c'est-à-dire qu'elle se développe rapidement, non seulement avec l'augmentation de la population, mais surtout avec l'accroissement de l'aisance. Même en tenant compte du large supplément de ration que fournit le maïs, je pense que la consommation moyenne du blé par tête, ne doit pas s'écarter sensiblement de 200 litres. A ce compte, les États-Unis, dont la population est estimée à 48 millions d'habitants, absorberaient 96 millions d'hectolitres, ce qui après prélèvement de 14 à 15 millions d'hectolitres pour les semences, ne laisserait pour l'exportation que 40 millions d'hectolitres environ sur le montant de la dernière récolte. C'est à peine de quoi suffire aux seuls besoins de l'Angleterre. Là doit se trouver, selon nous, l'explication des cours élevés, que, malgré l'abondance de la dernière récolte en Amérique, nous pouvons constater en ce moment, sur les principaux marchés de l'Europe occidentale.

Voilà, Messieurs, les faits relatifs à la culture et à la production du blé aux États-Unis, tels que je les ai recueillis dans les documents qui m'ont passé sous les yeux. Le moment est venu de nous demander si cette production déjà énorme et qui s'accroît si rapidement, n'est pas dangereuse pour notre agriculture, sinon dans le présent, du moins dans l'avenir. Sommes-nous me-

nacés d'être *inondés* (pour parler le langage à la
mode) de blés à vil prix, qui, en se substituant
au blé indigène dans la consommation nationale,
auraient pour effet de ruiner nos cultivateurs?

Pour résoudre cette question, il faut écarter tout
d'abord la méthode vicieuse de démonstration
qu'on emploie pour exciter nos alarmes, et qui
consiste à comparer le prix de revient du blé aux
États-Unis et en France, afin de déduire, de la
faiblesse du prix de revient en Amérique, la supériorité et les avantages de la culture qui s'y fait.
Les questions de méthode ont trop d'importance
en matière scientifique pour qu'il soit permis de
les éluder devant une réunion d'hommes aussi
éclairés que les membres de la « Ligue pour la
défense des intérêts des consommateurs et des
contribuables. »

En Amérique, où toute la production se borne
au blé, où toutes les dépenses d'exploitation se
rapportent à cette unique culture, rien n'est plus
facile que de déterminer rigoureusement le prix
de revient de l'hectolitre. Le prix de revient est
le quotient de la somme des frais divisés par le
nombre d'hectolitres récoltés. Les deux termes du
problème sont susceptibles de déterminations ri-
goureuses, de constatations précises. Il n'y a donc
là aucune difficulté. C'est ainsi que dans le cas cité
plus haut, d'un cultivateur de 65 hectares qui récol-
terait 840 hectolitres et dépenserait 3,000 francs
en frais divers de culture, le prix de revient de
l'hectolitre serait exactement de 8 fr. 85 c.

En France, il n'est pas possible de déterminer
le prix de revient du blé, à cause de la complexité
même des opérations de la culture. On n'y fait
pas rien que du blé, on y fait aussi de l'avoine et

parfois d'autres céréales ; on y cultive même des plantes industrielles qui fournissent des résidus à l'exploitation ; enfin, des opérations animales très complexes viennent se greffer sur les opérations .végétales pour les compliquer encore. Les rapports qui unissent toutes ces opérations entre elles ne sont ni définis, ni susceptibles de définition. Comment déterminer, soit la quantité, soit la valeur du fumier absorbé par la récolte du blé, quand la même fumure, qui n'est d'ailleurs jamais ni analysée, ni même pesée avec rigueur, sert successivement aux racines, au blé, à l'avoine et aux fourrages ? Comment répartir le loyer du sol entre les animaux et les plantes, entre les vaches et les moutons, entre la betterave, l'avoine et le blé ? Les labours de défoncements qu'on fait pour la culture en tête de la rotation, servent aussi aux récoltes suivantes. Dans quelle mesure et comment le constater ? Les animaux consomment du foin, des pailles, des racines, des herbes de pâture. Comment faire le départ du croit, de la laine, de la viande entre tant d'éléments divers dont quelques-uns même n'ont pas cours sur le marché ? On ne s'est même jamais mis d'accord sur le prix de revient du fumier, qui est la clef de voûte de tous les autres prix de revient ou plutôt le pivot sur lequel ils tournent. J'ajouterai que l'avenir, sous ce rapport, ne nous réserve aucune lumière. Jamais on ne pourra établir le prix de revient du blé en France, parce que, dans une agriculture complexe comme la nôtre, il n'y a pas de prix de revient du blé. On pourra faire à ce sujet toutes les recherches qu'on voudra : aucune méthode ne saurait conduire à la découverte de ce qui n'existe pas.

Il n'y a donc pas de prix de revient du blé. Il n'y a qu'un seul prix de revient pour l'ensemble des produits de l'exploitation, c'est le rapport des dépenses totales de la culture à la somme totale des valeurs pour la création desquelles ces dépenses ont été faites. C'est ainsi que dans le cas cité plus haut, de l'exploitation de l'Ouest dont le produit est de 6,000 francs et les frais de 3,000 francs, le prix de revient est de 50 0/0 du produit, ou, ce qui revient au même, la moitié du produit est absorbée par les frais de production.

Si nous voulions, avant d'aller plus loin, comparer, sous ce rapport, notre agriculture à celle de l'Amérique, nous trouverions non seulement une plus grande densité de richesse agricole sur notre territoire, mais encore une production qui serait pour le moins aussi économique. Le propriétaire cultivateur en France, dont l'exploitation donne un produit annuel de 6,000 francs, n'a pas, en général, pour 3,000 francs de frais. Il n'y a pas lieu de s'en étonner, la main-d'œuvre se payant beaucoup moins cher en France qu'en Amérique. Quant au cultivateur fermier, qui, outre les frais de main-d'œuvre, a une rente à payer au propriétaire, ses frais s'élèvent habituellement jusqu'à 70 0/0 environ. Mais s'il y avait des fermiers dans le *Far-West*, rien ne démontre qu'en ajoutant un fermage à leurs charges de main-d'œuvre, ils seraient mieux partagés que nos fermiers de France.

La formule que nous employons ici pour comparer les avantages de la culture en France et en Amérique, ne tient pas compte seulement des frais, elle tient compte aussi d'un élément essentiel, ou, pour mieux dire, d'un facteur important de la production : le prix de vente. Un hectolitre de blé dans le Kansas ou le Minnesota n'est pas la même chose qu'un hectolitre de blé en Beauce, par la raison qu'il vaut 10 francs seulement sur l'un de ces points de l'Ouest, tandis qu'il vaut 22 ou 23 francs sur le marché de Paris. La supériorité de notre agriculture doit être attribuée en grande partie à la supériorité de nos prix de vente. C'est là un avantage qui fait largement compensation à la faiblesse du prix de revient du blé en Amérique.

Ceux qui veulent, à toute force et contre toute raison, établir le prix de revient du blé eu France pour l'opposer au prix de revient en Amérique et déduire de cette comparaison l'infériorité de notre culture, supposent gratuitement que les Américains ont le pouvoir de nous faire une concurrence ruineuse et qu'ils y ont intérêt. C'est d'une économie politique enfantine que l'expérience dément chaque jour. Les producteurs de tous les pays n'ont pas seulement la préoccupation de produire à bon compte, ils ont aussi celle de vendre le plus cher qu'ils pourront. Il en est de même des négociants qui servent d'intermédiaires entre deux pays différents : ils n'obéissent pas à des passions ni à des caprices; ils ne poursuivent qu'un seul but, réaliser des bénéfices, et n'ont qu'un moyen de l'atteindre, vendre le plus cher possible après avoir acheté au meilleur marché. Ils achèteront donc toujours sur les lieux où les prix sont faibles pour revendre dans les pays où les prix sont forts. Ce qui détermine uniquement l'importation, c'est l'élévation des prix. La faiblesse des cours repousse la marchandise étrangère et fait obstacle à l'importation, en vertu d'une loi aussi rigoureuse que celle qui fait descendre l'eau depuis la source jusqu'à la mer et l'empêche de remonter depuis la mer jusqu'à la source.

Ce sont les prix du marché importateur qui font les prix sur le marché d'exportation, parce que les négociants se règlent sur les prix de vente pour effectuer leurs achats. Il est facile d'acquérir la preuve que les prix de New-York sont subordonnés à ceux de France et d'Angleterre, et que les prix de l'Ouest sont subordonnés à ceux de New-York. Les hausses et les baisses du marché de l'Europe occidentale font véritablement la hausse et la baisse sur les marchés de New-York et du centre des États-Unis.

Si le blé a peu de valeur dans l'ouest de l'Amérique, ce n'est donc pas, comme on le croit communément, parce qu'il coûte peu à produire, c'est simplement parce que le débouché est très lointain et par conséquent très onéreux. On peut même dire avec raison que c'est la faiblesse du prix de vente qui fait ici la faiblesse du prix de revient : car il est bien évident qu'on ne saurait faire de grands frais pour une production de valeur minime. Là est toute l'explication du système de culture pratiqué dans l'Ouest. La conclusion qui s'en dégage, c'est que loin d'être le signe caractéristique de la fertilité de la terre, la faiblesse du prix de revient est l'indice d'une situation économique très inférieure, et que ces cultures superficielles, cette exploitation rudimentaire du sol, au lieu de constituer des avantages au profit du cultivateur américain, ne sont rien autre chose que des nécessités qu'il subit.

On objecte que le territoire américain est immense, qu'il y a encore des centaines de millions d'hectares à mettre en valeur, que la production du blé sur un pareil territoire peut recevoir encore de grands développements, et qu'enfin nos récoltes étant abondantes en Europe, par suite de circonstances climatériques plus favorables, les Américains n'en seront pas moins forcés de vendre à tout prix, ce qui déterminera l'effondrement des cours et amènera la ruine de l'agriculture française.

Nous n'avons, Messieurs, rien de pareil à craindre, non seulement parce qu'il faut des hommes et des capitaux pour mettre en valeur un territoire de cette étendue, et que tout cela ne s'improvise pas, mais encore parce que les cultivateurs américains seraient eux-mêmes les premiers ruinés par une baisse des prix et que la culture s'arrêterait dans l'Ouest, bien avant que notre agriculture fût en péril. Un calcul bien simple va nous le prouver. Supposons un instant que, par le fait des importations croissantes des États-Unis, le prix du blé descende en France et en Angleterre à 18 francs l'hectolitre. Le prix moyen du blé étant aujourd'hui de 22 francs et la production de 100 millions d'hectolitres, la perte apparente pour nos cultivateurs serait de 400 millions de francs. En réalité la perte serait moindre, l'agriculture ne livrant au commerce que les trois cinquièmes environ de sa production de blé et consommant le surplus. On peut donc estimer que le déficit dans les recettes de nos exploitations s'élèverait tout au plus, par le fait de cette baisse de prix, à 250 millions de francs. On peut même supposer que ce déficit pourrait être compensé, au moins partiellement, soit par une récolte plus abondante, soit par le succès d'autres cultures. Admettons néanmoins qu'il y ait là une perte sèche de 400 millions de francs. Ce serait assurément une cause de gêne pour nos cultivateurs ; mais ce ne serait pas la ruine, 400 millions ne représentant que le vingtième environ de notre production qui est de 7 milliards et demi à 8 milliards de francs. Nos cultivateurs en souffriraient sans aucun doute. Mais je n'hésite pas à dire que ceux du *Far-West* seraient ruinés. Il n'est pas douteux, en effet, qu'une baisse correspondante se produirait dans les prix sur tous les marchés d'Amérique. Le blé à 18 francs chez nous, ce serait le blé à 14 francs ou 15 francs à New-York, à 7 francs ou 8 francs dans la vallée du Mississipi. La production serait ainsi diminuée de plus d'un quart dans les terres nouvellement défrichées de l'Ouest, où les prix ne sont que de 10 à 11 francs l'hectolitre. Comment admettre que des millions de cultivateurs se soient enfoncés plus avant dans la solitude pour défricher des terres plus écartées des voies de communication, plus éloignées du débouché de l'Europe, au fur et à mesure que les prix seraient devenus moins avantageux ? Une pareille supposition, je n'hésite pas à le dire, est inadmissible. Les craintes qu'on exprime à ce sujet, sont donc absolument vaines. Pendant que les prix se maintiendront, on pourra défricher encore de nouvelles terres avec des colons et des capitaux importés d'Europe. Mais les défrichements s'arrêteront aussitôt que, les prix venant à baisser, la culture cessera d'être rémunératrice.

Ce qui me surprend, Messieurs, et ce qui doit aussi vous étonner, il me semble, c'est que ceux qui attribuent au blé d'Amérique le pouvoir de ruiner notre agriculture, ne s'aperçoivent pas qu'entre l'Europe et la vallée de Mississipi ou celle de la Rivière Rouge, il y a tout un territoire, plusieurs fois aussi étendu que la France, qui est bien plus exposé que nous à la concurrence du *Far-West* et qui subit depuis longtemps, sans le moindre péril, l'influence de ce voisinage bien à tort supposé dangereux. L'Iowa et le Visconsin sont plus près de la Rivière Rouge que l'Illinois; l'Illinois que l'Indiana; l'Indiana que l'Ohio; l'Ohio que le New-York et la Pensylvanie. Cependant la valeur du sol ne cesse de s'accroître, au fur et à mesure qu'on s'éloigne du Mississipi dans la direction de l'est, ce qui prouve évidemment que la concurrence du *Far-West* n'y entrave pas la prospérité de l'agriculture. Voici du reste, à ce sujet, quelques indications que j'ai recueillies dans le livre de M. Ronna :

Dans la prairie, la valeur du sol est actuellement de 45 à 125 francs par hectare, suivant la proximité ou l'éloignement des voies ferrées. Dans le Dacotah et le Minnesota, les terrains vendus par les Compagnies de chemins de fer ont été payés de 62 à 80 francs. Dans l'Iowa, les meilleures terres, principalement dans le voisinage de Dubuck, atteignent déjà le prix de 300 francs. Dans l'Illinois, la terre qui, dans le principe, ne trouvait pas preneur à 16 francs l'hectare, s'est vendue 140 francs après la construction du premier chemin de fer, et 250 francs quelques années plus tard. Dans l'Indiana, les terres valent aujourd'hui de 250 à 500 francs par hectare. Dans le comté de Tenessee (Etat de New-York) où la culture du blé était autrefois en grande faveur, la terre estimée 635 francs, en moyenne, en 1860, valait 970 francs en 1870.

C'est une augmentation de 49 0/0 dans l'espace de dix ans. Enfin sur les bords de l'Hudson et aux environs de Philadelphie, la terre vaut autant que les terres les mieux situées en France et en Angleterre, c'est-à-dire plusieurs milliers de francs par hectare. Comment expliquer cette valeur croissante du sol, de l'Ouest dans l'Est, sinon par la prospérité de l'agriculture ? Pourquoi redouter pour l'Europe la concurrence ruineuse des blés du *For-West*, si les contrées les plus exposées aux effets de cette concurrence ne cessent de prospérer ?

Bien loin de redouter les blés d'Amérique et d'y voir un danger pour notre agriculture, nous devons nous féliciter du développement de la culture dans les plaines immenses de l'Ouest. La consommation du blé a pris un tel essor depuis vingt ans, que notre production n'a pu la suivre, et que nous sommes devenus un peuple importateur. C'est aux importations de blé que cet essor de la consommation est dû, car il est évident que s'il n'y avait pas eu d'importations, la consommation se serait réglée nécessairement sur notre production intérieure. Or, le développement de la consommation place notre agriculture dans la situation la plus favorable, en lui assurant des prix à la fois élevés et réguliers. Les peuples importateurs de céréales c'est-à-dire ceux dont les besoins dépassent la production, l'Angleterre, la Belgique, la Hollande et la France, sont aussi ceux qui ont la plus riche agriculture. Les peuples exportateurs de céréales, ont, au contraire, une agriculture arriérée, ou, si l'on veut, primitive, témoins la Russie méridionale, les provinces Danubiennes et le centre des Etats-Unis. La raison en est que les prix sont forts chez les uns, parce que les débouchés sont sur place, tandis qu'ils sont faibles chez les autres, parce que les débouchés sont lointains.

On croit trop communément que le progrès de la culture se mesure uniquement à l'accroissement de nos récoltes de blé. La production agricole est une création de valeurs sous les mille formes que recherche la consommation. C'est à l'agriculture de s'attacher de préférence à celles qui lui donnent le plus de bénéfices, parce qu'en poursuivant ainsi son intérêt direct, elle donne complète satisfaction à l'intérêt général. Ce sont les choses dont nous avons le plus besoin que nous consentons à payer le plus cher. La marche des prix qui sert de guide aux cultivateurs est aussi l'indice le plus sûr des besoins de la consommation.

Les progrès de la culture du blé en France ne sont d'ailleurs point à dédaigner, ainsi que je l'ai rappelé dès le commencement de cette étude. Mais en dehors du blé, notre agriculture nationale a réalisé bien d'autres progrès, surtout depuis que la concurrence de l'étranger est devenue plus active. Le plus grand économiste que l'agriculture ait eu à son service, Léonce de Lavergne, a établi que dans l'intervalle de moins d'un quart de siècle, de 1854 à 1877, notre production agricole avait passé de 5 milliards à 7 milliards et demi de francs. Que la culture américaine ait encore marché plus vite que la nôtre, il n'y aurait pas là de quoi nous surprendre, et nous en trouverions l'explication bien naturelle dans l'importation d'hommes et de capitaux que l'Amérique doit à la vieille Europe. Mais il faut bien admettre que les États-Unis ne nous ont pas fait une concurrence ruineuse, puisque cette augmentation de production, sans exemple dans le passé, a eu lieu malgré les désastres amenés par une guerre coupable. Il faut bien que le spectre américain ne soit qu'un vain fantôme, puisque nous avons pu étonner jusqu'à nos vainqueurs, par la promptitude avec laquelle nous avons relevé la patrie humiliée.

LE SPECTRE AMÉRICAIN

LE BÉTAIL

Conférence faite le 1er Décembre 1880

PAR

M. P.-C. DUBOST

Professeur à l'École d'Agriculture de Grignon.

Présidence de **M. JEAN DAVID**, député du Gers.

MESSIEURS,

Le spectre américain a deux têtes : le blé et le bétail. Nous avons vu ce qu'il fallait penser des craintes d'inondation de notre marché par le blé d'Amérique. Je vais essayer de prouver aujourd'hui que nous n'avons pas de craintes plus sérieuses à concevoir, en ce qui concerne le bétail. J'espère et je désire vous faire partager ma profonde conviction sur ce nouveau point.

La culture américaine exploite trois espèces d'animaux : les bœufs, les moutons et les porcs. Je vous parlerai en premier lieu des moutons, parce que c'est l'espèce qui est la moins intéressante, ou, si l'on veut, la moins dangereuse pour nous.

Au 1er janvier 1879, il y avait aux États-Unis, d'après la statistique officielle, 38 millions de moutons. C'est bien peu, si l'on considère l'immense étendue du territoire sur lequel vivent ces animaux. La superficie de la France n'est que le quinzième, environ, de celle des États-Unis, et cependant nous ayons encore 24 millions de moutons, malgré la *dépécoration*, qui a fait tant de bruit dans la discussion du tarif général des douanes, à la Chambre des députés, au commencement de cette année.

D'après le rapport de M. Clare Read, les moutons des États-Unis peuvent se ranger en deux catégories.

La première comprend tous les troupeaux du Sud-Ouest, qui sont issus de souche mexicaine croisée avec le mérinos et qu'on exploite uniquement pour la laine. Ce sont des animaux rustiques, mais grossiers, qui vivent constamment en plein air, depuis la naissance jusqu'à la mort, sans jamais connaître les douceurs de l'habitation sous l'abri d'un toit. Cependant l'espèce exige des soins plus dispendieux que le bétail à cornes ; il faut rassembler les troupeaux et les parquer la nuit, sous la garde et la protection d'un berger. Elle a dans les loups des ennemis redoutables. Elle se trouve même parfois exposée à des tourmentes de neige qui font périr des troupeaux entiers. En octobre 1879, les commissaires anglais, en visite dans une ferme du Wyoming, virent arriver, au milieu d'une rafale de neige, le propriétaire d'un troupeau de plusieurs milliers de têtes, qui, monté sur un cheval vigoureux et une lunette d'approche à la main, parcourait la plaine à la recherche de son troupeau qui avait disparu.

Ces moutons sont d'ailleurs infestés fréquemment d'une gale tenace, qui ne cède qu'à des frictions répétées d'eau de tabac. Les graines d'herbes qui se déposent dans les toisons, en y formant ce qu'on appelle des *gratterons*, rendent incommode le travail des laines et en diminuent la valeur. Mais le plus grand inconvénient du milieu pour l'espèce ovine, c'est la sécheresse. Le nombre et l'importance des troupeaux sont limités par la nécessité où l'on est de leur procurer de l'eau potable ou de les conduire à l'abreuvoir, deux fois par jour, en toute saison.

Les moutons de cette première catégorie ont une viande de qualité inférieure et de prix peu élevé. On ne peut songer à les exporter en Europe, par suite de cette mauvaise qualité de la viande et du prix élevé du transport.

La seconde catégorie comprend tous les moutons des États de l'Est. Ce sont aussi des animaux grossiers en général, mais de plus forte taille que les moutons du Sud-Ouest. La qualité de leur viande est aussi meilleure. Quelques troupeaux sont même croisés avec les races à longue laine d'Angleterre, principalement avec celle que nous appelons la race de *dishley*. On fait d'ailleurs plus de frais pour la conservation des animaux de cette catégorie. On les garde et on les nourrit à la bergerie pendant que dure la mauvaise saison.

L'espèce ovine, en somme, semble si peu avantageuse à exploiter dans les États-Unis, que les Américains qui fournissent des masses d'aliments d'origine animale à l'Europe occidentale, sont forcés d'importer des laines étrangères pour alimenter leurs manufactures. Les colonies anglaises et principalement l'Australie, fournissent ce supplément de laines. M. Clare Read s'appuie sur ce fait pour en tirer la conclusion que le sol et le climat d'Amérique ne conviennent pas aux moutons. Il n'y a donc aucun danger à craindre de ce côté, ni pour l'Angleterre, ni pour nous.

Cependant les États-Unis ont exporté des moutons vivants en Angleterre, dans ces dernières années. On prétend même que ces exportations, jointes à celles du Canada, se seraient élevées à près de 200,000 têtes dans l'année 1879. Mais le prix du mouton n'a subi, de ce chef, aucune diminution sur le marché de Londres, où la viande de mouton s'est maintenue à 40 ou 50 centimes le kilogramme au-dessus du prix de Paris. Il est d'ailleurs probable que les expéditeurs ont fait peu de bénéfices dans ces opérations : car, d'après des renseignements provenant de la même source, les exportations de moutons américains en Angleterre se seraient abaissées à 66,000 têtes durant les 7 premiers mois de 1880.

L'espèce porcine a une bien autre importance que l'espèce ovine, par la rapidité avec laquelle elle se multiplie et par la masse de viandes salées qu'elle permet de jeter sur le marché général de la consommation.

Au 1er janvier 1879, la statistique officielle de l'espèce, aux États-Unis, comptait 34 millions et demi de têtes. En France, nous n'avons guère, d'après nos statistiques, que 6 millions de porcs. Encore faut-il ajouter, d'après le témoignage de M. Clare Read, que les États-Unis joindraient la supériorité de la qualité à celle du nombre. Presque tous ces animaux sont de bonne conformation et fournissent une chair excellente et saine, quoique parfois un peu coriace.

La race prédominante est le Berkshire. Une race locale désignée sous le nom de *poland-china*, très précoce et très facile à engraisser, est un peu inférieure à celle de Berkshire, pour la qualité de la chair.

Le poids moyen de ces animaux est de 110 à 130 kilogrammes.

Le porc se rencontre principalement dans les contrées où la culture du maïs a quelque importance, principalement sur la rive gauche du Mississipi, dans les États de l'Ohio, de l'Illinois, etc... Sitôt qu'il peut manger, on le met dans les champs de maïs avec les bêtes à cornes. Sa fonction est d'utiliser les grains non digérés par l'estomac des ruminants. ou tombés à terre et piétinés. On met ainsi deux porcs par tête de bœuf ou de vache. Comme ces animaux de plus grande taille, le porc vit dès lors en pleine liberté, sans abri, mais mangeant du maïs à discrétion. A ce régime il se développe rapidement et atteint le poids élevé que je viens de citer.

La valeur de ces animaux sur le lieu de production est très faible. On ne l'estime guère, d'après M. Clare Read, qu'à 30 centimes le kilogramme de poids vif. Les animaux, arrivés à leur complet développement, ne vaudraient donc que 35 à 40 francs sur place. Cela provient en grande partie des parcours longs et coûteux qu'il faut faire accomplir à ces animaux, pour les rendre, soit à Saint-Louis, soit à Chicago, les deux centres principaux de préparation et de commerce des viandes salées en Amérique.

L'espèce est d'ailleurs sujette à une maladie redoutable dont on ne connaît pas l'origine : c'est le choléra, qu'on appelle en Angleterre, fièvre des cochons. Tous les animaux atteints y succombent, et la maladie est contagieuse au plus haut degré. Il arrive même parfois qu'elle enlève tous les porcs d'une région.

Les curieux établissements de Chicago où se fait l'abattage et où se prépare la viande de porc, ont été trop souvent décrits, pour que je m'y arrête ici. Je me bornerai à rappeler qu'il suffit de 10 à 15 minutes pour saisir un porc par le pied, le hisser en l'air, le saigner, l'échauder, le râcler, le vider, le décapiter et le déposer, après l'avoir divisé en deux, dans la salle réfrigérante, où les chairs se dessèchent, se raffermissent et prennent de la couleur. Après trente heures de séjour dans ce local à basse température, les quartiers sont dépecés en morceaux, en tranches et en jambons. Les morceaux et les tranches sont mis à mariner dans la saumure pendant trois semaines et sont ensuite emballés dans des caisses de bois pour être expédiés à de grandes distances. Quant aux jambons, ils sont l'objet d'une préparation spéciale : ils restent dix semaines dans la saumure, puis on les soumet à l'action de la fumée de sciure de bois. Ils sont ensuite brossés, cousus dans une enveloppe de calicot et enfin empilés dans des caisses de bois pour l'expédition.

Les porcs vivants d'Amérique n'arrivent pas en France. Il s'en importe quelques milliers seulement en Angleterre. C'est un commerce qui ne semble pas avoir de l'avenir, à cause des souffrances qu'endurent les animaux pendant la traversée, du dépérissement qu'ils subissent, et des frais énormes qu'occasionne le transport.

Il n'en est pas de même des salaisons qui arrivent en France et en Angleterre en quantités croissantes. En 1879, il est entré en France 36 millions de kilogrammes de viandes salées de porc, dont 32 millions de provenance américaine. Dans les dix premiers mois de 1880, l'importation atteint déjà 31 millions de kilogrammes, et la part de l'Amérique dans ce total d'importation est de 30 millions de kilogrammes.

Il faut se réjouir et non s'effrayer de ce développement de la consommation de viandes salées qui habitue les populations rurales, dont le régime laisse encore tant à désirer, à l'usage des aliments d'origine animale et prépare ainsi, pour un avenir peu éloigné, de nouveaux débouchés à l'agriculture. La production de l'espèce ne subit d'ailleurs aucune atteinte chez nous, par le fait de cette consommation. Le prix du porc gras en 1879 était l'un des plus faibles qu'on eût vus depuis 10 ans. En 1880, il s'est élevé à un niveau qui n'avait pas encore été atteint dans le passé. Le lendemain du jour où tout semblait perdu, la demande est devenue plus active et le prix plus élevé que jamais, grâce au développement de la consommation favorisé par la faiblesse des cours antérieurs. En Angleterre, où la concurrence américaine exerce plus d'action qu'en France, il en a été de même. Le prix du porc gras y est même de 13 à 14 pour cent plus élevé qu'en France.

J'arrive aux bêtes à cornes, la seule espèce qui puisse fournir en certaine quantité des animaux vivants et des viandes fraîches aux peuples de la vieille Europe.

On comptait aux États-Unis, à la date du 1er janvier 1879, 21 millions d'animaux de l'espèce bovine. En nombre, c'est le double de ce que nous avons. Mais la différence est beaucoup moindre, si l'on tient compte du poids, de la valeur et du produit en argent que donne ce bétail.

Pour les bêtes à cornes, comme pour les bêtes à laine, il y a des différences tranchées entre les États de l'Est et ceux du Sud-Ouest.

Dans les États de l'Est la population bovine se compose principalement de vaches laitières, qui, au dire de M. Clare Read, sont de qualité fort ordinaire; il faut aller jusque dans le Kentucky, c'est-à-dire en pleine vallée du Mississipi, pour rencontrer quelques courtes-cornes, ou durhams, qui soient robustes et de pur sang.

L'exploitation des bêtes à cornes dans les États de l'Est, se fait à peu près de la même façon qu'en France et en Angleterre. Les animaux vivent en plein air dans la bonne saison, mais on les rentre à l'étable et on les y nourrit pendant l'hiver. Toutefois cette nourriture laisse à désirer : peu de racines, un foin grossier et desséché outre mesure. Partout ailleurs et jusque dans les États du centre, où la culture du maïs se fait en grand, ainsi que l'engraissement du bétail, les animaux ne mettent jamais le pied dans une étable ; ils passent leur vie au grand air, sans toit, ni hangar, ni litière.

Les animaux qui peuplent la vallée du Mississipi, viennent presque tous des États du Sud et de l'Ouest. Ce sont des animaux grossiers, à forte charpente, mais très résistants aux privations et à la fatigue, et d'un développement très tardif. Ils appartiennent presque exclusivement aux races inférieures de souche espagnole dont on a peuplé le Mexique depuis plusieurs siècles.

Le centre le plus important de production est le Texas, qui se borne à faire naître un grand nombre d'animaux, et les expédie jeunes dans la direction du Nord, à travers les immenses prairies de la rive droite du Mississipi. Le Colorado, le Kansas, le Nébraska et le Wyoming sont peuplés de grands troupeaux de bœufs et de vaches, qui indépendamment des naissances qui se produisent sur place, s'accroissent constamment des arrivages du Sud.

Ce qui fait obstacle à l'élevage dans le Texas, c'est la sécheresse qui règne à certains moments de l'année et la pénurie d'eau qui en résulte. M. Clare Read cite même ce fait qui paraîtra incroyable en France, que ces animaux ont parfois à parcourir un trajet de 12 à 16 lieues, avant de rencontrer le moindre filet d'eau pour se désaltérer..

Dans les immenses plaines qui s'étendent entre le Mississipi et les Montagnes Rocheuses, la chaleur est moins grande, l'herbe plus haute et l'eau moins rare. De novembre à avril, les troupeaux paissent en complète liberté, sans un seul gardien pour les surveiller. Au printemps, les propriétaires font, en commun, une grande ronde et battent le pays en totalité. Chacun reconnaît les siens, à la marque qu'ils portent, et les fait garder par des pâtres, à proximité d'un cours d'eau pendant l'été. C'est la nécessité d'abreuver, soir et matin, les troupeaux de ces grandes plaines, qui est le plus sérieux obstacle à la multiplication indéfinie de l'espèce. Des espaces considérables restent sans valeur et ne sont pas utilisés, par suite de l'éloignement des cours d'eau.

Cette vie en liberté, compliquée de privations et de longs trajets à parcourir. n'est favorable ni à une bonne conformation, ni à un rapide développement. Bien qu'ils acquièrent parfois une grande taille, ces animaux n'ont cependant qu'une valeur minime. Dans la prairie, on les estime en moyenne à 100 francs par tête. Quand ils ont toute leur croissance, et cela n'arrive guère que vers la sixième année, ils valent de 120 à 130 francs sur place. Ceux du Colorado, qui sont de taille plus forte et de poids plus lourd, peuvent valoir jusqu'à 150 francs. Une carrière de 6 ans pour réaliser un produit de 120 à 150 francs, voilà les deux mots qui résument la production animale pour le bœuf dans les immenses solitudes de l'Ouest. Les races les plus déshéritées de notre pays donnent un produit annuel qui est au moins l'équivalent. Les vaches laitières des environs de Paris donnent un produit qui descend rarement au-dessous de 500 francs et qui, dans certains cas, dépasse 1,000 francs par année.

Avant d'arriver aux abattoirs de Saint-Louis, de Kansas-City ou de Chicago, la plupart des bœufs de l'Ouest reçoivent un complément d'engraissement dans les parties du territoire où se cultive le maïs. L'heure est venue de vous donner, Messieurs, quelques renseignements sur cette culture qui joue un rôle si important, non seulement dans l'alimentation de la population américaine, mais encore dans la production animale des États-Unis.

La culture du maïs s'étend depuis le golfe du Mexique jusqu'aux bords des grands lacs, et depuis le Texas et le Kansas jusqu'aux États de New-Jersey, de la Caroline et de la Floride.

C'est surtout dans les États qui appartiennent au bassin de la rive gauche du Mississipi, l'Illinois, l'Ohio, l'Indiana, l'Ouest-Virginie, le Tennessée, etc., qu'elle occupe des surfaces étendues. Le Texas, ainsi que l'Arkansas et le Missouri, qui font partie du bassin de la rive droite, ne viennent qu'après. En somme, il y aurait eu 20 millions d'hectares cultivés en maïs en 1878, d'après la statistique officielle des États-Unis, et la production totale, calculée sur une moyenne de 21 hectolitres par hectare, se serait élevée, comme on le voit, à près de 500 millions d'hectolitres, soit 10 hectolitres par tête de population.

Les usages du maïs en Amérique sont nombreux. Les hommes le consomment sous les formes les plus diverses. Il sert aussi à l'engraissement des animaux, quelquefois à l'étable, mais le plus souvent en plein champ, sur tige ou simplement déposé à terre. On en fait aussi de l'alcool et presque tous les spiritueux consommés aux État-Unis en proviennent. Il est même exporté sous cette dernière forme ainsi qu'en grain. En 1877, l'exportation du maïs en grain en Angleterre et dans les colonies anglaises, s'est élevée à 28 millions d'hectolitres.

Les prix sont très variables, suivant les lieux et suivant les années. Pendant les dix dernières années le prix a oscillé à Colombia (Missouri) entre les limites de 2 fr. 95 c. et 6 fr. 90 c. l'hectolitre.

L'un des grands avantages de cette culture c'est qu'elle laisse au cultivateur la faculté de choisir son temps, soit pour l'ensemencement, soit pour la récolte. Il y a deux à trois mois pendant lesquels on peut semer la graine, et si l'on veut rentrer la récolte, au lieu de la faire consommer sur place, les épis de maïs peuvent séjourner sur le sol pendant deux ou trois mois encore, sans s'altérer. Elle exige plus de main-d'œuvre que la culture du blé, par suite des façons qu'elle reçoit, mais cette main-d'œuvre s'échelonne régulièrement durant le cours de six mois environ, au lieu d'être concentrée aux époques d'ensemencement et de récolte, comme dans le cas de la culture du blé. Enfin, elle exige aussi plus d'avances en bâtiments, en bétail, en outillage.

La culture du maïs marche aussi dans la direction de l'Ouest, mais moins vite que celle du blé. Il faut que la population qui a défriché la terre croisse en nombre et en aisance, avant de chercher un meilleur emploi de son travail et de ses ressources, de ses forces et de son capital. Ce n'est qu'au bout d'une ou deux générations que ce résultat est obtenu, et que le fils du premier colon peut faire entrer peu à peu la culture du maïs dans ses opérations, en restreignant d'autant la surface consacrée au blé. Les deux cultures alternent d'abord entre elles, puis les fourrages devenant de plus en plus nécessaires, au fur et à mesure que la culture du maïs donne plus d'importance aux opérations animales, l'assolement triennal s'impose de lui-même : maïs, blé, fourrages. A ce moment le blé n'occupe plus que le tiers de la superficie du sol; et quand un nouveau progrès sera réalisable, c'est-à-dire, quand la culture pourra devenir plus riche, par le fait d'une nouvelle condensation de la population et du capital, d'autres plantes seront admises dans l'assolement, et la proportion du blé s'abaissera encore. On croit généralement que c'est l'épuisement du sol, sous l'action répétée de la culture du blé, qui amène ces modifications dans la manière d'exploiter la terre. C'est une erreur, car il suffirait de labourer un peu plus profondément pour trouver, dans une nouvelle couche de sol vierge, une nouvelle source de fertilité. Tous les États de la rive gauche du Mississipi, où se fait aujourd'hui sur une grande échelle la culture du maïs, ont commencé, comme le *Far-West*, par la culture exclusive du blé ; et ce n'est pas l'épuisement du sol par cette culture qui en a déterminé la restriction incessante, car je ne mets pas en doute, bien que je manque de renseignements précis sur ce point, que le rendement moyen du blé est sensiblement plus élevé sur la rive gauche du Mississipi que sur la rive droite. La cause déterminante des changements qui se sont opérés, est bien autrement efficace, ou, si l'on veut, rassurante, c'est le progrès lui-même. La culture exclusive du blé ne donne qu'un produit annuel de 100 francs environ par hectare. Le système de culture qui la remplace, et dans lequel le blé n'occupe plus que le tiers de la superficie, doit donner environ de 140 à 150 francs. Je ne garantis pas la parfaite exactitude de ces chiffres, car ceux qui ont visité les États-Unis n'ont pas toujours su dégager avec netteté les questions d'argent qui sont en jeu dans les opérations d'une ferme ; mais je les crois exacts à peu de choses près.

Ce qui prouve bien d'ailleurs que la culture du maïs est un progrès sur la culture exclusive du blé, c'est que les terres où règne la première ont une valeur plus élevée que celles où domine la seconde. J'ai déjà invoqué le fait général d'une élévation croissante de la valeur du sol à mesure qu'on s'éloigne de l'ouest dans la direction de l'est, c'est-à-dire, à mesure qu'on passe des territoires à production exclusive de blé dans les territoires à production mélangée de blé et de maïs. Même dans ces derniers territoires, la différence s'accuse encore, et elle n'a pas échappé à la sagacité de M. Bonna. Il constate notamment que dans l'Iowa, l'Illinois et l'Indiana, la valeur du sol en corps d'exploitation est d'autant plus élevée qu'on y fait une plus large place à la culture du maïs, aux dépens de la culture du blé.

Voici maintenant de quelle façon se fait l'engraissement des bêtes à cornes dans le milieu que je viens de décrire.

Tantôt ce sont les cultivateurs qui achètent le bétail maigre, pour le revendre après engraissement; tantôt des marchands de bestiaux traitent avec le cultivateur pour l'engraissement à forfait, sur la base d'un prix déterminé pour chaque kilogramme d'accroissement du poids. Dans l'un et l'autre cas, l'engraissement se fait généralement en plein air, et la consommation du maïs se fait sur place. On a soin seulement de mettre chaque jour à la disposition des animaux une petite ration de foin. Mais ils mangent du maïs à discrétion.

L'engraissement dure généralement six mois. Un bœuf de bonne race gagne de 115 à 158 kilogrammes de poids vif pendant ce laps de temps. Le prix courant du kilogramme de poids vif obtenu par l'engraissement étant de 0 fr. 60 c. sur place, la plus-value réalisée est de 70 à 100 francs. Le bœuf a consommé, pendant ce temps, 33 hectolitres de maïs et 1,000 kilogrammes de foin. Même en ajoutant à la plus-value de l'engraissement du bœuf la valeur des deux porcs qui ont vécu et se sont engraissés à côté de lui, soit 70 à 80 francs, on voit que la culture du maïs en Amérique et l'engraissement du bétail qui en est la conséquence, ne sont pas des opérations très productives. Pour porter le produit de ce système de culture à 140 ou 150 francs par hectare, il faut supposer non seulement que le tiers de la superficie consacré au blé donne un rendement moyen de 12 à 13 hectolitres par hectare, et que le prix moyen de l'hectolitre sur place soit ici de 12 à 13 francs, mais encore qu'il y ait, à côté de ces opérations, d'autres sources de production, comme une laiterie et une basse-cour. L'expérience démontre qu'il faut un intervalle de 35 à 40 ans, pour passer complètement du défrichement des terres vierges à l'engraissement du bœuf par le maïs. Cela nous donne le moyen de mesurer avec assez de précision la marche du progrès dans la vallée du Mississipi. Quand les capitaux et la population de l'extérieur ne viennent plus provoquer la marche ascensionnelle de la culture, quand le pays se trouve réduit à ses seules forces, à ses seules ressources, il faut près d'un demi-siècle pour que la richesse agricole monte de 50 pour cent sur une terre qu'on vient de défricher et de soumettre à la culture exclusive du blé. Il n'a fallu que la moitié de ce temps à notre production nationale pour réaliser, dans son ensemble, le même accroissement. Nous avons même des contrées entières qui ont vu doubler leur richesse dans l'espace des vingt-cinq dernières années.

N'en soyez pas trop surpris, Messieurs, malgré

les plaintes qui se font entendre, malgré les craintes que suscite le développement de la culture aux États-Unis. Quelque paradoxale que semble, au premier abord, cette différence à notre avantage, rien n'est plus facile que de la justifier. Ce sont les débouchés qui font les prix et ce sont les prix qui, à leur tour, sollicitent la production. Qu'y a-t-il d'étonnant à ce que la richesse de notre pays marche aussi vite que celle de la partie centrale de la vallée du Mississipi, alors que tous nos prix sont élevés, parce que le consommateur est à nos portes, tandis que tous les prix sont faibles dans l'Ouest, parce qu'il faut aller chercher le consommateur, à grand renfort de frais, à plusieurs milliers de kilomètres de distance!

Après leur engraissement dans les États où se fait la culture du maïs, les bœufs reçoivent diverses directions. Les uns sont conduits en chemin de fer, vers les grandes villes de l'Est: Boston, New-York, Philadelphie, etc., pour alimenter les boucheries de ces centres de population. Les bœufs de l'Ohio, notamment, sont dans ce cas. Les autres, et dans ce nombre il faut comprendre ceux qui peuplent les fermes de l'Iowa et de l'Illinois, sont transportés à Chicago.

Chicago occupe une position véritablement merveilleuse. Placée à l'extrémité méridonale du lac Michigan, elle sert de trait d'union pour les échanges commerciaux, non seulement entre l'Ouest et l'Est, mais encore entre le Sud et le Nord, entre la vallée du Mississipi et celle de la Rivière Rouge. Elle est aussi en communication directe avec l'Europe, par les Grands lacs et le Saint-Laurent. Elle est desservie par plusieurs canaux et par treize lignes de voies ferrées, dont cinq sont dirigées vers les principales villes de l'Est. C'est cette position unique au monde qui fait de Chicago la métropole commerciale des États-Unis. C'est par là que s'explique le développement sans exemple d'une ville qui compte aujourd'hui 600,000 habitants et qui n'était qu'une humble bourgade, il y a trente ans à peine.

On peut classer en trois catégories les animaux qui passent par Chicago.

La première comprend les animaux de choix, ce qu'on pourrait appeler la fleur des bœufs de l'Ouest. Ce sont tous ceux qui, en raison de leur qualité et de leur état d'engraissement, valent de 50 à 60 francs les 100 kilogrammes sur pied. Ceux-là sont réservés pour être expédiés vivants, soit dans les villes de l'Est, soit en Angleterre. Mais le nombre en est très limité. Les courtes cornes, de race pure ou croisée, peuvent seuls supporter sans perte les frais du transport à distance éloignée.

La seconde catégorie comprend la masse, c'est-à-dire les animaux ordinaires, dont le prix varie de 30 à 40 francs le quintal vivant. Ceux-là sont abattus à Chicago, pour être livrés, sous diverses formes, au commerce et à la consommation. Les morceaux de choix, c'est-à-dire le filet et le dos, sont expédiés comme viandes fraîches, soit dans les villes de l'Est où ils servent généralement à la consommation des hôtels, soit en Angleterre. On en assure la conservation par la glace. Le prix de vente à Chicago, pour ces morceaux de choix, est habituellement de 2 francs le kilogramme. Quant aux morceaux communs, ils sont convertis en conserves de deux sortes : les salaisons qui sont expédiées en baril ou tonneau à destination de l'Amérique du Sud, et les viandes cuites et désossées qui sont placées dans des boîtes imperméables, qu'on appelle communément « boîtes de commerce ». Il se fait un grand débit de ces conserves dans les mines de l'Amérique et de l'Angleterre. Le prix en Angleterre est de 1 fr. 30 c. le kilogramme.

Enfin la troisième catégorie comprend les animaux de rebut, ceux qui sont malades ou rachitiques. On brûle ces viandes et l'on en fait une poudre qui est très appréciée comme engrais pour les cultures de coton dans le Sud.

Pour compléter cet exposé de faits, il ne me reste plus qu'à suivre les bœufs d'Amérique en Angleterre afin de voir ce qu'ils y deviennent et quelle influence ils y exercent sur les prix.

En 1879, il est arrivé en Angleterre, des États-Unis ou du Canada, un peu moins de 100,000 têtes de bœufs.

En 1880, le nombre des bœufs importés de cette double provenance s'élèvera probablement à 160,000 ou 170,000 têtes ; l'importation des sept premiers mois monte à 90,447.

Cette importation de bœufs vivants d'Amérique est un fait récent. Elle ne remonte pas au delà de 1875. A cette date, l'importation américaine en Angleterre ne portait encore que sur 1,511 têtes.

Pour faire le transport de ces animaux vivants, il a fallu construire ou aménager des bâtiments spéciaux : les journaux ont fait grand bruit récemment des 481 steamers qui seraient, dit-on, affectés dès aujourd'hui à ce commerce.

Le prix de la traversée est de 150 francs par tête de bœuf, depuis Chicago jusqu'à l'un des ports anglais, et l'on ajoute qu'à ce prix les expéditeurs ne couvrent pas leurs frais.

Quand les bœufs débarquent en Angleterre, ils sont généralement en très mauvais état. Quelques-uns n'ont pu résister aux fatigues de la traversée, et il a fallu les jeter par-dessus bord. Les plus vigoureux même sont très éprouvés. Le rapport de M. Clare Read sur ce point est des plus affirmatifs.

Pour pénétrer vivants sur le territoire britannique, les bœufs étrangers sont soumis à une quarantaine dans l'un des ports de débarquement. Les formalités et les frais qu'entraîne cette mesure, édictée dans un intérêt sanitaire, semblent ralentir les importations de provenance européenne, mais nullement celles de provenance américaine.

Quoique de forte taille, les bœufs d'Amérique importés en Angleterre pèsent rarement plus de 300 kilogrammes de viande nette, ce qui suppose un poids vif de 550 à 600 kilogrammes. Ils se vendent généralement 400 francs par tête, ce qui fait de 1 fr. 20 c. à 1 fr. 30 c. le kilogamme de viande nette. Ce sont les cultivateurs qui les achètent pour les soumettre à un nouvel engraissement, d'abord au pâturage, ensuite avec des navets et du tourteau de lin et de coton. Ce n'est qu'après cinq mois passés dans une ferme anglaise qu'ils sont considérés comme propres à la consommation. Ils sont alors revendus 22 livres environ, soit 550 francs

Ils sont peu recherchés par les cultivateurs, parce qu'ils sont plus durs à l'engraissement que les courtes-cornes qui se paient habituellement 12 pour cent plus cher. Ces renseignements sur le séjour des bœufs d'Amérique dans les fermes anglaises n'émanent pas de M. Read : ils sont dus à l'un des anciens élèves de Grignon, M. Courant, qui, stagiaire dans une ferme du comté d'Essex, a eu trente de ces bœufs sous les yeux pendant le dernier automne.

Il suffit de consulter les mercuriales du marché de Londres, pour constater que l'invasion des bœufs d'Amérique, des viandes fraîches et des conserves de toute nature, n'a pas produit, contrairement aux prédictions qu'on avait faites, aux craintes qu'on avait manifestées, l'avilissement des cours. Le prix de la viande sur pied est actuellement très élevé en Angleterre, et à aucune époque, malgré les arrivages, il n'a subi cette sorte d'effondrement qu'on peut constater chez nous. Le kilogramme de viande nette de bœuf se vend actuellement 1 fr. 75 c. sur le marché de Londres, tandis qu'il vaut à peine 1 fr. 40 c. sur le marché de la Villette. Le mouton vaut 2 fr. 10 c. à Londres et 1 fr. 65 c. à Paris. Le porc lui-même, quoiqu'il soit encore très cher à Paris, se vend 20 centimes plus cher sur le marché de Londres. Il y est coté 1 fr. 75 c. le kilogramme. Les importations américaines qui se produisent chez nos voisins en quantités déjà si considérables, n'ont donc pas pour effet d'y ruiner l'agriculture par l'avilissement des prix. C'est en France, où ces importations n'ont pas lieu, que les cours sont dépréciés.

Pour avoir l'explication de l'innocuité des importations américaines dans l'Europe occidentale, il suffit de décomposer les opérations commerciales auxquelles donne lieu l'échange des produits entre peuples différents, en général, entre l'Amérique et l'Angleterre, en particulier.

Entre le producteur et le consommateur, quand ils sont placés à de grandes distances, s'interposent toujours une série d'intermédiaires, dont l'unique et très légitime préoccupation est de réaliser des bénéfices, en revendant le plus cher possible, après avoir acheté au meilleur marché. Pour atteindre leur but, ils ont sans cesse l'œil ouvert sur la marche des prix dans les grands centres de consommation. La hausse leur ouvre-t-elle de nouvelles perspectives de bénéfices? Ils en profiteront pour faire plus d'achats, afin de pouvoir faire plus de ventes et de réaliser ainsi plus de profits. En donnant plus d'importance à leurs opérations, ils modèrent la hausse sur le marché de la consommation, et ils la provoquent sur le marché de la production. L'offre devient plus grande d'un côté, la demande est plus active de l'autre. L'équilibre des prix tendra donc à s'établir entre les deux marchés, sauf les frais inévitables de transport du lieu de production au lieu de consommation. La baisse, au contraire, se fait-elle sentir sur le marché de consommation? Les chances de bénéfice venant à diminuer par le fait de cette baisse, le commerçant achètera moins, parce qu'il n'aura plus les mêmes avantages à revendre. Ici encore l'équilibre des prix s'établira entre le marché consommateur et le marché producteur. La baisse des prix sur le marché de la consommation se traduira par une baisse sur le marché de la production, parce que la demande y sera moins active. Ce sont donc les hausses et les baisses du marché d'importation, ou du marché consommateur, qui font les hausses et les baisses du marché producteur, par l'excellente raison que le négociant n'achète que lorsqu'il est à peu près sûr de pouvoir revendre avec bénéfice. En d'autres termes, ce qui provoque l'importation dans un pays, c'est l'élévation

des prix : la faiblesse des cours a pour effet nécessaire de la repousser.

Pour admettre que le prix de revient sur les
lieux de production serve de base au prix de
vente sur le marché de la consommation, il faut
faire abstraction du rôle des intermédiaires, du
but qu'ils poursuivent, et supposer en outre chez
les producteurs un désintéressement auquel ils
ne sont nullement tenus. Rien n'est plus en dehors de la vérité et de la justice, que cette double
supposition. Les négociants se font payer leurs
services le plus cher qu'ils peuvent, et personne
ne serait fondé à les en blâmer. Il en est de
même pour les producteurs, dont la légitime am-
bition est de tirer le meilleur parti des fruits de
leur industrie. Ils sont assurément forcés de su-
bir les prix, quant ils sont faibles, mais quand ils
sont forts, ils en bénéficient. Mais de même qu'on
ne serait pas fondé à leur opposer la considéra-
tion du prix de revient, quand les prix leur sont
favorables, de même ils ne sauraient l'invoquer
à leur tour, quand les prix ont cessé d'être avantageux. Le prix de revient n'a pas cours sur le
marché. Le producteur s'arrange pour produire
le plus aux moindres frais. C'est son affaire; mais
les cours sont réglés uniquement par la loi de
l'offre et de la demande, qui domine également
vendeur et acheteur.

Voilà pourquoi *l'invasion* du bétail d'Amérique
en Angleterre n'a pas pour effet d'y avilir les
prix. C'est précisément parce que les prix sont
élevés sur le marché anglais que les importations
américaines s'y produisent. Elles s'arrêteraient
forcément, si les prix venaient à baisser, parce
que la baisse aurait pour effet de rendre les im-

portations moins lucratives. Le commerce n'agit ni au hasard, ni par caprice. Il se règle uniquement sur les prix des marchés importateurs.

On le voit bien par ce qui se passe en France. Certes on ne peut pas dire que la baisse du prix du bétail est due aux importations d'Amérique, puisque les Américains ne nous envoient pas de bétail. Ce n'est même pas aux importations d'autres provenances qu'il faut l'attribuer. Depuis que nos prix sont en baisse, nos importations de bétail étranger ont été sans cesse en diminuant. Dans un travail publié, il y a un an, dans le *Journal de l'Agriculture*, si habilement dirigé par M. Barral, j'avais établi : 1° que les prix du bétail sur le marché de la Villette sont toujours élevés, quand la récolte de fourrages a été abondante, parce que le cultivateur, ayant alors beaucoup de fourrages à faire consommer, garde le plus possible de bétail et n'approvisionne qu'insuffisamment le marché; que les prix au contraire, sont toujours faibles à la suite d'une mauvaise récolte fourragère, parce que l'offre sur le marché devient alors excessive, par suite de l'impossibilité où se trouve le cultivateur de nourrir tout son bétail; 2° que les importateurs habituels de bétail en France, les Algériens, les Italiens, les Allemands et les Belges règlent leurs importations sur nos prix, puisqu'elles s'accroissent avec la hausse, et qu'elles diminuent quand la baisse survient : d'où il résulte que leur intervention ne se manifeste que pour approvisionner le marché, quand il est insuffisamment garni, et pour le désencombrer par le ralentissement de leurs envois, quand il y a excès d'offre, servant ainsi tour à tour, par ce jeu régulier du commerce, et les intérêts de la consommation et ceux de l'agriculture.

L'année qui achève de s'écouler fournit une nouvelle confirmation de ces conclusions. Pendant les dix premiers mois de 1880, il n'est entré en France que pour 128 millions de bœufs, de vaches et de moutons, tandis que les importations correspondantes de 1879 s'élevaient à 148 millions de francs, et celles de 1878 à 192 millions. Or, les prix actuels sont plus faibles qu'en 1879; ceux de 1879 étaient eux-mêmes plus faibles qu'en 1878. En ce qui concerne le porc vivant, les importations ont précisément suivi une marche inverse, parce que la marche des prix a été elle-même différente. Il en est entré pour 14 millions de francs, dans les dix premiers mois de 1880 : les entrées correspondantes étaient de 13 millions en 1879, et de 12 millions en 1878.

Quand on reproche aux partisans de la liberté commerciale d'être des utopistes dangereux, ou des sectaires, le reproche retombe sur ceux qui le formulent. La liberté commerciale est fille de la science : c'est l'ignorance et le préjugé qui sont dans l'autre camp.

La conclusion qui découle de cet exposé des faits, c'est que nous n'avons pas besoin de taxes douanières pour nous protéger contre les importations de bétail américain. Nos prix nous mettent à l'abri de ces importations, bien plus sûrement que des tarifs protecteurs.

Si nos prix venaient à hausser au niveau des prix anglais, il n'y a aucune raison pour que les importations américaines ne s'effectuassent pas en France comme en Angleterre. Le port du Havre est aussi accessible que celui de Londres aux steamers construits pour le transport du bétail. Mais l'importation n'aura lieu évidemment par le port du Havre, que quand les expéditeurs auront intérêt à venir chez nous, c'est-à-dire lorsque nous consentirons à payer le bétail américain aussi cher que les Anglais. Jusque-là les Américains continueront à diriger leurs convois en Angleterre, ils ne les enverront pas en France.

Quand l'importation se produira chez nous, grâce à des prix élevés, elle sera manifestement un bienfait pour la consommation. Des prix élevés supposent nécessairement une insuffisance d'approvisionnement. Les importations nous fourniront alors l'appoint nécessaire. Elles empêcheront aussi la hausse exagérée des prix. En même temps qu'elles soutiendront la consommation, elles prépareront de nouveaux débouchés à l'agriculture, car la condition nécessaire pour que la consommation marche plus vite que la production et fasse monter les prix par une demande de plus en plus active, c'est assurément qu'elle puisse être alimentée par les importations du dehors. Sans cette ressource, il est clair que la consommation ne pourrait suivre que péniblement la production. C'est ce développement de la consommation nationale, favorisé par les importations de bétail étranger, qui explique la hausse des prix, depuis que les importations sont devenues plus faciles et ont pris un si grand essor.

Mais nous n'avons aucunement à redouter une baisse de prix provenant du fait de ces importations. La baisse restreindrait nécessairement l'importation, parce qu'elle lui enlèverait toute raison d'être en enlevant toute perspective de bénéfices aux importateurs. On considère la baisse comme l'effet inévitable des importations, parce qu'on ne se rend pas compte qu'elles sont uniquement provoquées par l'élévation des prix, indice d'une consommation très active. La baisse, au contraire, éloigne l'importation ; et le commerce, dont le rôle est de proportionner l'approvisionnement aux besoins, sert encore l'agriculture en ralentissant ses expéditions et en contribuant ainsi à modérer la baisse, après avoir modéré la hausse. Les importations ne sont pas seulement la garantie de prix élevés, puisqu'elles ne peuvent s'effectuer qu'à cette condition, elles sont en même temps la garantie de prix réguliers, double condition également favorable à la prospérité de l'agriculture.

Nous pouvons en juger par l'exemple de l'Angleterre. C'est assurément le pays qui a les cours les plus élevés et les plus réguliers, l'approvisionnement le plus considérable et le plus varié : c'est aussi, à n'en pas douter, le pays qui a l'agriculture la plus florissante et la consommation la mieux pourvue. Tous ces biens lui viennent du débouché, c'est-à-dire de consommateurs très nombreux, très aisés, très exigeants, dont la demande sollicite incessamment et la production intérieure et l'importation étrangère, par des prix élevés, qui sont le plus fécond des encouragements. La même cause produira les mêmes effets en France, d'autant plus sûrement et plus vite qu'on n'y mettra pas d'obstacle, et surtout l'obstacle si intempestif et si injuste de la douane.

Ce qui fait que nous nous méprenons ainsi sur le caractère, la cause et les effets des importations, c'est notre ignorance générale en matière économique et les métaphores par lesquelles nous avons l'habitude de masquer cette ignorance dans nos conversations, nos discours et nos écrits. Nous avons prouvé de longue date que nous savons faire le commerce ; mais il est trop visible que nous n'avons, du moins pour la plupart, que des notions très incomplètes ou très fausses sur la nature des opérations commerciales, sur leur utilité réelle, sur les salutaires effets qui en découlent non seulement pour l'humanité en général, mais encore pour le bien de chacun de nous. Pendant que nos négociants vont dans les pays les plus lointains, bravant la fatigue et les dangers pour se mettre en quête de tout ce qui peut nous procurer une satisfaction, pendant que nos explorateurs cherchent à pénétrer dans le Soudan, que nos ingénieurs percent des isthmes pour abréger les distances et que nous payons des subventions à ceux qui construisent ou arment des bâtiments de commerce, nous en sommes encore à considérer le trafic international comme une bataille qu'il faut gagner sous peine d'être vaincus, et les importations, comme un torrent qu'il faut contenir par des digues, sous peine d'être submergés, comme une armée d'envahisseurs qu'il faut refouler, sous peine d'être anéantis. Le maréchal Bugeaud, qui était un grand homme de guerre, mais un bien pauvre économiste, dit un jour, en pleine tribune française, qu'il redoutait moins l'invasion des Cosaques que celle du bétail étranger. Le bétail qui nourrit les hommes, assimilé au boulet qui les tue ! Les produits du travail humain, source de bien être qui ne s'obtient qu'au prix d'un rude labeur, comparés au torrent qui ravage la vallée, aux Cosaques qui foulent la plaine! Le commerce fécond travesti en bataille meurtrière! Quel étrange abus de métaphores, propres seulement, à dissimuler sous l'éclat des mots et la pompe du style, des idées aussi dangereuses que faussés!

Le mot de concurrence lui-même n'éveille généralement dans nos esprits que des erreurs fâcheuses. Habitués que nous sommes, soit aux courses de chevaux, où il y a un vainqueur qui gagne et des vaincus qui perdent, soit à ces luttes et duels où l'un des champions succombe, soit à ces rivalités de diligences où l'une ruine l'autre, pour exploiter plus commodément la clientèle, nous nous figurons volontiers que les effets de la concurrence sont meurtriers comme ceux de la guerre et que le monde est une arène où les victimes ne comptent plus. Rien n'est plus faux ni plus dangereux que de représenter ainsi la liberté comme une déesse malfaisante, qui exigerait qu'on lui sacrifie des hécatombes de victimes sur ses autels.

Au nom de la science, il faut protester contre ces erreurs et contre les métaphores qui leur servent de véhicules. Non, il n'est pas vrai que la concurrence ait les effets meurtriers de la guerre. La concurrence joue dans le monde économique un rôle aussi étendu et aussi nécessaire que la pesanteur dans le monde matériel. C'est la concurrence qui met l'ordre dans la société, en y mettant l'harmonie. C'est la concurrence qui subordonne l'intérêt particulier à l'intérêt général, en guidant sans cesse la production et le commerce dans la direction la plus utile, par l'appât des prix élevés qui sont, tout à la fois, et le plus sûr indice de besoins sérieux à satisfaire et le stimulant le plus efficace de notre activité. Pour tout dire en un mot, la concurrence n'est rien autre que la loi générale et féconde sous l'empire de laquelle se développent et progressent les sociétés.

S'il en était autrement, l'humanité ferait fausse route, depuis son origine. Il ne nous resterait alors d'autre parti à prendre que de retourner en arrière, en coupant les routes, en brisant les voies ferrées, en comblant les canaux, en ensablant les ports, en brûlant les vaisseaux. Tout cet appareil du commerce, tous ces engins de transport que nous nommons si pompeusement le progrès, ne seraient au fond que des instruments de ruine, puisqu'ils n'ont pour effet que d'annihiler les différences de climat par les échanges, de supprimer les distances qui séparent les peuples, de rendre en un mot de plus en plus active, dans le présent et dans l'avenir, la concurrence entre tous les hommes, quel que soit le pays où le sort les ait placés.

IMPRIMERIE CENTRALE DES CHEMINS DE FER. — A. CHAIX ET Cⁱᵉ,
RUE BERGÈRE, 20, A PARIS. — 2038-1.

LIGUE PERMANENTE

POUR

LA DÉFENSE DES INTÉRÈTS DES CONTRIBUABLES

ET

DES CONSOMMATEURS

PUBLICATIONS

MENIER. — Théorie et application de l'impôt sur le capital, 3ᵉ *édition.* Un volume in-18. Prix . 1 fr. 50

— L'Avenir économique. 2ᵉ *édition.* Deux volumes in-18 Prix de chaque volume . . . . 1 fr. 50

— Consommateurs et Contribuables, Broch. in-8ᵒ 25 c.

COURCELLE-SENEUIL. — Libre échange et protection. Brochure. . . . . 25 c.

YVES GUYOT. — Le Travail et les Traités de commerce, Conférence avec graphiques. Brochure . . 25 c.

— La Suppression des Octrois et le Conseil municipal de Paris (graphiques). Brochure. . . . . . 25 c.

M. P.-C. DUBOST. — Le Spectre Américain. Conférences faites à la Ligue. Brochure. . . . . 25 c.

www.ingramcontent.com/pod-product-compliance
Lightning Source LLC
LaVergne TN
LVHW010405060726
842526LV00005B/1508